¿Qué hay dentro de un camión de bomberos?

Sharon Gordon

Marshall Cavendish
Benchmark
Nueva York

Dentro de un camión de bomberos

1	tanques de oxígeno		**5**	extintor de incendios
2	escalera telescópica		**6**	cable de electricidad
3	hachas		**7**	reflectores
4	lonas		**8**	balancines

9 picas	**13** cajas de herramientas
10 camilla de canasta	**14** equipo de asistencia
11 sierras	**15** ventiladores
12 sirena	**16** recipiente de agua

¡Cuidado! Ahí viene el camión de bomberos.

Los bomberos prenden la *sirena* y las luces de emergencia, que giran y son intermitentes.

Dos bomberos van sentados en la cabina delantera. Cuatro o cinco más van sentados atrás.

El *operador* da la dirección por el radio, y el jefe de bomberos hace planes para combatir el fuego.

Los bomberos usan una cinta amarilla para marcar la zona de peligro y mantener a la gente alejada del fuego.

El camión escalera es el primero en salir.

La alta *escalera telescópica* se eleva hacia el cielo mientras los *balancines* mantienen firme al camión.

La escalera telescópica puede llegar a sitios altos donde hay gente atrapada.

Un bombero también puede pararse en la escalera con la manguera y regar agua o químicos especiales contra el fuego.

Las escaleras más pequeñas se guardan a los lados del camión, y dentro, el botiquín de primeros auxilios.

Muchos bomberos son
paramédicos. Los paramédicos
usan el botiquín para ayudar a
los heridos.

En el camión hay ganchos, hachas y picas. Los usan para derribar paredes, puertas y ventanas.

A veces, los bomberos hacen huecos en los techos para dejar salir el humo y el calor.

Cuando todos están a salvo, el camión de bombeo empieza a trabajar. El camión de bombeo puede usar el agua de su tanque o puede conectarse a un *hidrante*.

La manguera grande se conecta
al camión y lleva el agua del
hidrante al camión de bombeo.

Las hileras largas de mangueras
planas están dobladas sobre el
camión.

Los bomberos apuntan la manguera al fuego y el camión bombea agua por la manguera. El chorro de agua puede ser tan largo como una cancha de fútbol americano.

El tablero de mandos del camión muestra la presión del agua. Si la presión es muy alta, la manguera puede salirse de control. Si es muy baja, el agua no llega hasta el fuego.

El camión de bombeo tiene muchas otras herramientas antiincendios. Un *extintor de incendios* puede apagar fuegos pequeños.

Las máscaras y los tanques de oxígeno ayudan a los bomberos a respirar a través del humo.

Cuando el fuego está apagado, los camiones regresan al cuartel de bomberos. Los bomberos revisan y limpian el equipo. Lavan y lustran los camiones.

¡Los bomberos también necesitan una buena limpieza!

Palabras avanzadas

balancines Unas fuertes patas de metal que sostienen el camión de bomberos y lo mantienen firme.

escalera telescópica Una escalera que está sobre el camión de bomberos y que puede alcanzar la cima de los edificios altos.

extintor de incendios Un cilindro rojo que contiene líquido o polvo para apagar el fuego.

hidrante Una tubería de metal en el borde de la acera que está conectada al suministro de agua.

operador(a) Una persona que recibe las llamadas de emergencia para la policía, ambulancias y estaciones de bomberos.

paramédico(a) Una persona entrenada para atender a los heridos y enfermos.

sirena Una bocina eléctrica que hace un sonido fuerte de alerta, agudo y grave.

Índice

Las páginas indicadas con números en **negrita** tienen ilustraciones.

Agradecemos a las asesoras de lectura
Nanci Vargus, Dra. en Ed., y Beth Walker Gambro.

AGRADECIMIENTOS
Agradecemos a Michael Rau, Jefe del Cuerpo de Bomberos de Midland Park, en Midland Park, Nueva Jersey, al Cuerpo de Bomberos del Condado de Prince George, y a los hombres y mujeres de la Estación Tuxedo-Cheverly.

Marshall Cavendish Benchmark
99 White Plains Road
Tarrytown, New York 10591-9001
www.marshallcavendish.us

Library of Congress Cataloging-in-Publication Data

Gordon, Sharon.
[What's inside a fire truck? Spanish]
¿Qué hay dentro de un camión de bomberos? / edición en español de Sharon Gordon.
p. cm. — (Bookworms. ¿Qué hay dentro?)
Includes index.
ISBN-13: 978-0-7614-2391-1 (edición en español)
ISBN-10: 0-7614-2391-5 (edición en español)
1. Fire engines—Juvenile literature. 2. Fire extinction—Juvenile literature. I. Title. II. Series:
Gordon, Sharon. Bookworms. ¿Qué hay dentro?

TH9372.G67318 2006
628.9'259—dc22
2006015910

Traducción y composición gráfica en español de Victory Productions, Inc.
www.victoryprd.com

Investigación fotográfica de Anne Burns Images

Fotografía de la cubierta de Jay Mallin

Los permisos de las fotografías utilizadas en este libro son cortesía de: *Jay Mallin*: pp. 1, 2, 3, 5, 6, 9, 11, 14, 15, 17, 18, 20, 21, 22, 24, 26, 27, 29. *Corbis*: p. 13 Kim Kulish.

Diseño de la serie de Becky Terhune

Impreso en Malasia
1 3 5 6 4 2